1. Auflage August 2023

Herstellung und Verlag:
BoD – Books on Demand, Norderstedt
ISBN 9783 757 800 734

Drei Wörter
für eine Geschichte

Busch Pfusch Tusch

Kurzgeschichten zum Vorlesen und Erfinden

Geschichten zum Vorlesen

Geschichten zum Schreiben

Widmung

Für alle, die sich unermüdlich in der Pflege
einsetzen und ihre Kraft mit den Menschen teilen,
die auf Hilfe angewiesen sind.

Mein Dank geht an alle,
die in der Betreuung und in Krankenhäusern
arbeiten,
die zu Hause pflegen,
die ehrenamtlich unterstützen,
die gerne helfen, wo Hilfe gebraucht wird,
die in der letzten Zeit besonders gefordert
waren.

Und allen,
die mitfühlen ohne nachzudenken,
die täglich mit offenen Augen durch die Welt
gehen und dort anpacken, wo es nötig ist,
die einem anderen Menschen gerne ein Lächeln
oder eine Geschichte schenken.

Ein besonderer Dank geht an alle, die drei Wörter
für die Geschichten gespendet haben.

Zu diesem Buch

Aus einem spontanen Aufruf in den sozialen Medien, bei dem ich um drei Wörter bat, um daraus Kurzgeschichten zu schreiben, entstand ein Projekt, das sein Eigenleben führte. Es stellten so viele Menschen drei Wörter zu den unterschiedlichsten Themen zur Verfügung, dass ich mit dem Schreiben kaum hinterherkam.

Dann trat Petra Jäger auf mich zu und fragte, ob sie die Geschichten ihren Bewohnern in der Senioren-WG zur Verfügung stellen dürfte. Sie betreut hauptsächlich Menschen mit einer Demenz-erkrankung. Sie las die Kurzgeschichten vor, und die Patienten nahmen sie gerne an. Daraufhin haben auch die Bewohner sich Wörter ausgedacht, und das Projekt wuchs.

Nun wollen wir die Geschichten auch anderen zur Verfügung stellen, um die Kreativität zu fördern. Zu diesem Zweck findet ihr zwischen den Geschichten je drei Wörter. Jeder kann seiner eigenen Fantasie freien Lauf lassen und Geschichten kreieren.

Wir wünschen euch viel Freude mit dem, was hier spontan entstanden ist. Wer möchte, kann gerne ebenfalls drei Wörter an mich schicken. Weiteren Bänden sind keine Grenzen gesetzt.

Kontaktieren könnt ihr mich über:
www.Sina-Land.jimdo.com

Wortspenderin und Zwischenwörter

Kerstin Brandenburg
Stellvertretend für die Senioren
vom Atrium am Wall in Wildeshausen.

Lieben Dank fürs Mitmachen!

Texte und Zwischenwörter von Sina Land
Bilder aus Pixabay

Sonntagsblatt

Kerze

Efeu

sch-sch-sch, mist, stöhn

Nach dem Frühstück sitzt Herr Schwarzberg vor seinem Sonntagsblatt und schiebt sich die Brille zurecht. „Was nicht wieder alles passiert ist", stöhnt er. Der Efeu am Rathaus ist in einer Bürgeraktion gestutzt worden, weil er schon die komplette Front überwuchert hat. In einer Sitzung wurde beschlossen, dass Kerzen in der Mariengruft nur einmal pro Woche angezündet werden, damit sie die kostbaren Fresken nicht verrußen. „Mist!", entfährt es ihm beim Umblättern. Und die von der Gewerkschaft haben besiegelt, den Brunnen abzubauen, den er so liebt, weil ihnen das Motiv der hart arbeitenden Menschen nicht mehr passt. „Gibt es denn sowas? Als ob die Zerstörung eines alten Bauwerkes etwas an den miesen Arbeitsbedingungen ändern würde …"

In dem Moment springt seine Katze mitten auf den Tisch und seine Sonntagszeitung. Provokant schaut sie ihn an, dreht sich einmal im Kreis und legt sich dann auf das Bild mit

der Demonstration gegen die Umwelt-
verschmutzung.

„Sch-sch-sch", zischt er und wedelt mit den
Händen, doch sein Haustier lässt sich davon
nicht bei seinem Nickerchen stören.

„Du bist also auch der Meinung, dass man
lieber vor seiner eigenen Haustür mit dem
Umweltschutz anfangen sollte, statt zu
demonstrieren." Ihm entkommt ein
krächzendes Lachen. „Recht hast du!"
Bedächtig steht er auf und betätigt den
Lichtschalter. „Wenn ich nicht lesen kann,
dann brauche ich auch kein Licht."

Nun seid ihr dran!

▲

Art

zart

smart

▼

Eure Geschichte

Sesamstraße
Honigbienen
Terrasse

quietsch, okay, grins

Der Rollator quietscht bei jedem Schritt, mit dem sich Leonhard vorwärtsschiebt. Dennoch grinst er die Dame am Frühstückstisch auf der Terrasse der Seniorenresidenz an. „Okay", sagt er und gesellt sich zu Dora. „Dann lassen wir die dritten Zähne mal ordentlich knacken. Wie stehts mit dem Arbeitspensum der Honigbienen? Waren sie fleißig? Steht genügend Süßes auf dem Tisch?"

Sie kichert, wie immer beschwingt, und befördert seine Laune damit einen Tick weiter in Richtung Hochstimmung.

„Was machen die Gelenke?", fragt sie ihn, als sie sich beruhigt hat.

„Ach, die schaben aufeinander, wie eh und je. Aber …" Er hebt das Messer, mit dem er eben die Vollkornsemmel aufgeschnitten hat, um sie dick mit Honig zu bestreichen. „… wir werden sie kraftvoll mit Quark und Leinöl schmieren. Dann laufen wir bis zum Mittagessen wie auf Schienen."

Doras herzhaftes Lachen lässt ihn prompt die Schmerzen vergessen.

„Dann steht unserem Abenteuer also nichts im Weg?", fragt sie.

„Auf keinen Fall", entrüstet er sich. „Die Verteidigung der Fernbedienung steht! Und die Sesamstraße wird wie jeden Tag angeschaut. Da kann sich der Knut noch so lautstark darüber beschweren. Wir geben nicht auf." Er streckt seine geballte Faust in die Höhe, was ihm einen erneuten Kicheranfall von Dora beschert.

Nun seid ihr dran!

▲

Blau

ciao

Frau

▼

Eure Geschichte

Grill

Schale

Plasik

meine Güte, naja, tja

„Tja, wie hätten wir es denn gerne?", fragt Herr Luisenbaum seine versammelten Gäste, die sich in seinem weitläufigen Garten um den Grill postiert haben und erst auf die Glut niederschauen, dann die Plastikschale in seiner Hand mustern.

„Meine Güte, ist das dein Ernst?", fragt sein Nachbar und rümpft die Nase. „Gemüse-spieße? Wo ist denn das Fleisch?"

Herr Luisenbaum zuckt mit den Schultern. „Naja … ich dachte … also ihr wollt doch … seid doch alle so tierlieb und unserer Umwelt zugetan."

„Naja, aber doch nicht beim Essen", beschwert sich sein Nachbar.

„Jetzt sagt ihr doch auch mal was", fordert der Gastgeber die Umstehenden auf. „Man kann doch nicht tierlieb sein und sich dann ein Steak auf den Grill werfen, oder?"

Verlegen winden sich die anderen und Rosalind bringt es auf den Punkt. „Mir tun die Kühe ja auch leid, aber Fleisch schmeckt halt schon hervorragend und ein gen-manipuliertes Tofuschnitzel, das um den kompletten Globus gekarrt worden ist, macht unsere Welt samt deiner Plastikschale nicht besser."

Um den Grillabend zu retten, schlurft Herr Luisenbaum in die Küche und drapiert sein Gemüse auf einem Porzellanteller. Dann einigt sich die Truppe auf einen Kompromiss. Maiskolben und Gemüsestreifen mit Hackfleischbällchen, die alle nach dem Grillen zufrieden mit einem gedehnten „Mmmh" quittieren. Angeregte Gespräche über Umweltbewusstsein keimen nebenbei auf.

Nun seid ihr dran!

▲

Pool

cool

Stuhl

▼

Eure Geschichte

Uhr

Bluse

Kitsch

aha, hm, cool

„Aha", sagt Roland mit hochgezogener Augenbraue zu seinem Zuckerpüppchen.

„Wie, aha?", erwidert seine Angebetete, die eben im Sechzigerjahre-Laden aus der Umkleidekabine geschritten war und nun in einem Rock samt Petticoat und Rüschenbluse vor ihm steht. Die Arme in die Luft gestreckt und die Hüften hin- und herwackelnd. „Nun sag schon, ob es dir gefällt", drängt sie ihn und stöckelt vor ihm wie auf einem Laufsteg hin und her.

„Hm", ertönt es von Roland.

Sie bleibt vor ihm stehen, stemmt eine Hand in die Seite und schnippt mit dem Finger vor seiner Nase herum.

„Cool", setzt er schnell hinzu.

Als sie nicht aufhört zu Schnippen bemüht er sich um weitere Worte. „Kitsch gehört ja irgendwie zum Leben. Verschönert es. Macht sozusagen das Salz in der Suppe." Mit angehaltenem Atem wartet er darauf, dass ihr Finger vor seinem Gesicht verschwindet.

„Na, geht doch", sagt sie und lächelt. „Und jetzt brauche ich noch eine passende Uhr dazu. Eine quietschrosarote am besten noch mit Prilblümchen und Zeigern mit lila Samtüberzug."

Roland überrollt ein herzhaftes Lachen. Genau so kennt er sein Zuckerpüppchen.

Nun seid ihr dran!

▲

dich

mich

sich

▼

Eure Geschichte

Milch

Mauer

Kabel

huhu, ach, au

„Ach …" Rosalind steht vor ihrem Ferien-
domizil neben Helga, die nackten Füße im
Schlick und mustert das Häuschen extrem
nachdenklich. „Also ganz ehrlich … ich habe
es mir ein wenig anders vorgestellt. Eher so
mit einer Mauer, anstelle von windschiefen
Brettern."

Helga schüttelt energisch den Kopf. „Ich weiß
nicht, was du hast. Näher am Meer geht es
kaum. Und kuschelig klein ist es obendrein.
Nasse Füße bekommen wir trotzdem nicht
und den Sonnenuntergang haben wir direkt
vor unserer Nase. Die Sicht auf ihn versperrt
uns wirklich keiner." Sie gestikuliert wild mit
ihren Händen, dann lässt sie diese fallen.
„Gut, Kabelfernsehen gibt es nicht, das ist
aber auch schon alles … Huhu … jetzt sag
doch auch mal was. Ist doch schön hier,
oder?" Unsanft stößt sie ihre Freundin in die
Rippen.

„Au", schimpft sie. „Ich dachte halt mehr so an ein Haus am See und nicht eine Fluchtplattform mitten im Wattenmeer, wo sich die Leute hinretten können, wenn sie die Flut bei ihrer Wattwanderung überrascht."

Helga verzieht das Gesicht. „Jetzt sei doch nicht so spießig. Ich habe sogar Milch für deinen allabendlichen Kakao mitgenommen. Du siehst … es fehlt uns hier an nichts. Das ist eben ein Abenteuer. Das wolltest du doch."

Nun seid ihr dran!

▲

essen

messen

pressen

▼

Eure Geschichte

Prospekt

Aster

Ballerina

hoppla, pssst, nanu

Auf dem Nachttisch steht eine vom Mondlicht beschienene Spieluhr. Nicht irgendeine. Nein, die aus ihrer Kindheit mit einer Ballerina auf dem Deckel. Das Püppchen tanzt wie beim Schwanensee, wenn man die Dose mit dem Schlüssel aufzieht. Nanu, durchfährt es Oma Libell, als sie im Halbschlaf auf die Figur neben ihrem Bett lugt. Hat sie sich eben bewegt? Oder war sie weiter in einem Traum gefangen.

„Pssst", hört sie, obwohl ihr klar war, dass eine Holzballerina nicht redet. Seit wann hat sie denn eine Aster in der Hand. Sie reibt sich beflissen über die Augen. Und wie kommt der Prospekt von einer Ballettaufführung hier her. Er liegt unter der Spieluhr, als hätte sie ihn selbst am Abend dort hinterlegt.

Sie setzt sich auf die Bettkante. Ohne das Licht einzuschalten, steht sie auf und touchiert etwas Unnachgiebiges. „Hoppla", stößt sie aus.

In dem Moment ertönt ein Johlen in ihrem Zimmer und jemand umarmt sie. „Alles Gute zum Geburtstag", kommen ihr unterschiedliche Stimmen von Leuten entgegen, die um ihr Bett herumzustehen scheinen.

Das Licht wird angeknipst und sie schaut in die freudestrahlenden Gesichter ihrer Kinder und Enkelkinder, ihr Hund kläfft ebenfalls einen Geburtstagsgruß in die Runde und springt auf ihr weiches Federbett, um ihr die Wange abzulecken.

Heut ist ihr Geburtstag! Das hatte Libell komplett vergessen. Umso grandioser die Überraschung.

Nun seid ihr dran!

Fass

nass

Ass

Eure Geschichte

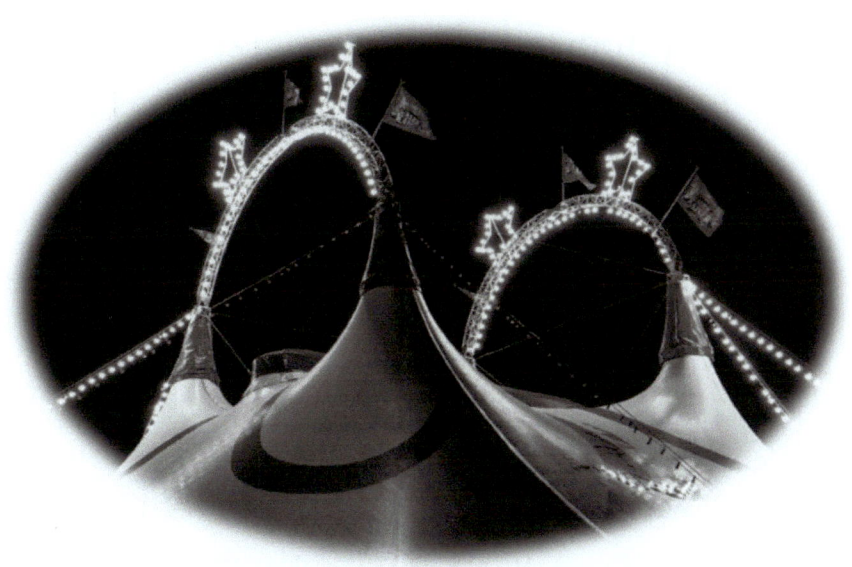

Wimpern

Feuchtigkeit

Geschenkbuch

piep-piep, klingel, dröhn

Ihre Wimpern sind benetzt von der Feuchtigkeit ihrer Tränen. In den faltigen Händen hält sie umklammert ein Geschenkbuch aus ihren Kindertagen. Eines, in denen sie ihre Erinnerungen gesammelt hat. Manche von ihnen sind bittersüß, andere dröhnen in ihren Ohren und verursachen ein Klingen, Rauschen und Brummen, das sie nur schwer zu ignorieren schafft. Sie blättert in ihrem Buch, sucht nach einem Souvenir, welches sie Lächeln lässt. Ein Bild von einem Zirkuszelt fällt ihr ins Auge, daneben hat sie als kleines Mädchen eine Eintrittskarte geklebt. Damals war sie mit ihrer Oma dort und vollkommen begeistert von den Artisten, die hoch oben in der Manege über ein Seil tanzten. Und die Trapezkünstler, die von den Händen eines Kollegen zu den nächsten flogen.

„Piep-piep" ertönt es von ihrem Handy, das ihre Tochter ihr gestern für den Notfall gegeben hat. Doch dies ist keiner. Darum betrachtet sie das Teil skeptisch. Sie schaut auf ein Bild. Sofort lässt sie es lächeln. Die Nachricht ist von ihrer Enkelin. Sie schickt ihr ein Foto von ihrem Zirkusbesuch mit einer Freundin. Darauf ist eine Artistin zu sehen, die über ein Seil tanzt. Manchmal sind Erinnerungen auch wie Eiscreme. Süß zergehen sie auf der Zunge und schmecken wohlig angenehm.

Nun seid ihr dran!

▲

Gast

fast

Hast

▼

Eure Geschichte

Glasflächen

Gabelstapler

Spülmittel

gähn, hopp, prost

Galant schleicht sie über die Glasfläche des Wohnzimmertisches und hinterlässt dabei feine Abdrücke von ihren erdigen Katzenpfoten. Sicher wird ihre Dosenöffnerin, wenn sie zurückkommt, sofort das Spülmittel zücken und sich mit einem Lappen über ihre Spuren hermachen. Mit voller Absicht dreht die Katzendame eine weitere Schleife, bevor sie mit einem ‚Hopp' auf das Fensterbrett springt, um im Garten auf die zugehörige Terrasse zu gelangen. Mühelos quetscht sie sich durch den Spalt des gekippten Fensters und schiebt ihren Körper hinaus an die frische Luft. Die Hausdame würde bei diesem Anblick gewiss einen Schreianfall bekommen, hat sie doch stets Angst, dass sich ihr Tierchen ein Bein brechen könnte. „Pfff", als ob sie zur Überwindung dieser Höhe einen Gabelstapler bräuchte. Elegant und mit einer Federung, bei der jedes Polsterbett neidisch werden würde, landet sie auf dem Teakholzboden, nimmt Anlauf und springt mit einem beherzten Satz in den Schaukelstuhl, den es durch ihren Aufprall sofort in Schwingung versetzt. Ein Schnurren entfährt ihr. So hatte sie das gerne. Sie kreist auf dem bis vor kurzem noch weißen Polster, dreht sich in eine angenehme Position und verschließt genüsslich und mit einem Gähnen die Augen. „Prost", miaut sie, weil sie ahnt, dass die Dame des Hauses beim Anblick der verdreckten Auflage sofort einen Prosecco brauchen wird.

Nun seid ihr dran!

▲

Haus

Laus

Maus

▼

Eure Geschichte

Rose

Schnee

Klee

tzzz, ach Gottchen, Mann

„Mann! Pass doch auf", ermahnt sich Elvira, die eben über ihren Hexenbesen gestolpert ist. Ihr Pendel wackelt dabei heftig hin und her. „So wird das nie was!", schimpft sie sich selbst und schiebt ihren zu großen Hut wieder auf ihre wilden Locken zurück. Schnell hebt sie sowohl den Besen vom Boden auf, als auch die schwarze Rose, die sie bei ihrem Ungeschick hinabgefegt hat. Winzige Schneeflocken taumeln derweil von der Zimmerdecke herunter. „Ach Gottchen, jetzt habe ich versehentlich Schnee gezaubert", jammert sie und besinnt sich auf den Gegenzauber. Mit einem Wisch ihres Zauberstabes verschwindet das Weiß und die Decke sieht schlagartig aus, als hätte sie ihre Welt auf den Kopf gestellt. Gänseblümchen hängen samt Klee von oben herab, als wäre dort eine auf den Kopf gestellte Rasenfläche gewachsen. „Tzzz", entfährt es ihr. Hektisch versucht sie sofort, diese ebenfalls mit einem Zauberspruch verschwinden zu lassen. Doch diese Aktion misslingt erneut und es rauscht ein Wasserfall direkt auf sie herunter. Mit einem kraftvollen Platsch ist sie nass bis auf die Rüschenunterhose. Aus ihr wird nie eine vernünftige Hexe werden. Erschlagen lässt sie sich auf den Hosenboden fallen. Dabei vollzieht ihr Stab einen Schlenker, der Wasserguss verschwindet und es regnet augenblicklich rote Papierherzchen. Das verpasst ihr ein Lächeln und versöhnt sie auf der Stelle mit ihrer eigenen Tollpatschigkeit. So romantische Herzen soll erst jemand nachzaubern.

Nun seid ihr dran!

▲

Illusion

Hohn

Lohn

▼

Eure Geschichte

Tannenzapfen

Nikolausi

Drachen

ächz, schnipp-schnapp, schwupps

Vollkommen verschwitzt hetzt Amelie in ihrem Traum an unzähligen Türen vorbei. Hinter irgendeiner von ihnen verbirgt sich ihr Glück, hat ihr vorhin jemand gesagt. Seitdem rennt sie. Doch sie kann sich nicht entscheiden, welche Türklinke sie drücken soll. Erst legt sie die Hand auf eine gleich neben ihr. Dann aber hastet sie zu einer weiter vorne, ist mit ihr ebenfalls nicht zufrieden und prescht erneut zu einer anderen. Vollkommen außer Atem zwingt sie sich, stehenzubleiben. Beherzt drückt sie die nächstbeste Klinke und wartet auf ihr Schicksal.

Die Tür springt mit einem Ächzen langsam auf und gibt den Blick auf etwas Winziges frei. Erstaunt schaut sie auf einen Tannenzapfen. Das ist auf keinen Fall ihr Glück! Was soll sie mit einem so mickrigen Zapfen, den man kaum verkaufen kann. Stürmisch verschließt sie die Tür und greift sich die nächste. Schwupps, schwingt sie auf und ihr Blick fällt auf Gerhard Polt, der ihr „Nikolausi" entgegenträllert. Fixer als zuvor knallt sie diese ebenfalls zu. Sie versteht nicht, warum sie über dieses Kindergehabe glücklich sein sollte. Dann wartet es eben hinter der dritten. Bestärkt drückt sie das Türblatt auf. Sofort brüllt ihr ein Drache entgegen. Keine Sekunde später stiebt eine Stichflamme an ihrem Arm vorbei. Verschreckt knallt sie die Tür zu und lehnt sich mit dem Rücken daran. Ihr Herz klopft, als wolle es einen Weltrekord brechen. „Wenn so mein Glück aussieht, dann nehme ich lieber keines", murmelt sie.

„Schnipp-schnapp-schnurz", hört sie ein zartes Stimmchen. „So sei es. Geniale Wahl", sagt eine Fee, die sich zu ihr stellt. „So schnell wie du hat es noch keiner kapiert. Glück ist kein Gegenstand, kein Mensch, auch kein Wunschgedanke. Glück ist eine Entscheidung und immer da, wo man beschließt trotz allen widrigen Umständen glücklich zu sein."

Nun seid ihr dran!

▲

Joker

Poker

Broker

▼

Eure Geschichte

Propeller

Feuerzeugbenzin

Schneeglöckchen

ey, ähm, seufzt

„Also Schneeglöckchen werden wir hier wohl keine finden", seufzt Edeltraud. „Ich muss verrückt sein, dieses Wochenende mitzumachen. Lasse mich von einer Propellermaschine in die Wüste fliegen und sitze jetzt in einem Labyrinth auf einem Stein. Warum wollte ich nochmal hier her?"

Susanne auf dem Gesteinsbrocken neben ihr kichert. „Weil du deinen Chef nicht mehr riechen konntest? Du sagtest, wenn du noch einmal den abgestandenen Rauch und sein Feuerzeugbenzin einatmest, nach dem er ständig riecht, dann kündigst du. Da ist so eine Auszeit in der Wüste, wo es noch nicht einmal nach Regen duftet, eine wahre Wohltat, oder?"

„Ähm, … irgendwie dachte ich, wir machen uns einen schönen Urlaub am Meer, als du sagtest, ich bräuchte eine Auszeit."

„Da hätte ich doch lieber meinen Chef in die Wüste geschickt, als hier herumzusitzen und in einem Labyrinth ‚Ohmmm' zu tirilieren. Wann sagtest du, werden wir wieder abgeholt?"

„In einer Woche."

„Ey, nicht dein Ernst!"

„Doch. Solange braucht es mindestens, bis du den Rauchgeruch verdaut hast."

„Ganz ehrlich … Ich frag mich, für wen das jetzt eine Strafe ist. Für meinen Chef, weil ich nicht da bin, oder für mich, weil du mich dazu verdonnert hast, mir hier im Schneidesitz die Beine zu verknoten."

Nun seid ihr dran!

▲

Kopf

Topf

Kropf

▼

Eure Geschichte

Zimtsterne

Herbstblätter

Igel

tschüss, genau, oh

„Und Tschüss", schmettert Hermann kraftvoll hervor und stiebt mit dem Fuß ein paar Herbstblätter auf. Ein Igel springt erschrocken aus seinem Laubhaufen und flüchtet. „Auf nimmer Wiedersehen, du verfluchte Welt! Ich blase dir jetzt den Marsch", schimpft Hermann, setzt seine Trompete an den Mund und bläst darauf eine Fanfare. Wütend stapft er über die Wiese, auf der sich Hunderte von Leuten tummeln. Hatte er nicht hier seine Ruhe haben wollen und keinen Menschenauflauf? Ist er nicht extra aus der Großstadt, hier her aufs Land gezogen? Er hat eine immense Summe für dieses abgelegene Haus bezahlt, das er nur durch das entsprechende Vitamin B überhaupt bekommen hat und jetzt … finden hier jedes Wochenende Veranstaltungen im Grünen statt. Der Gartenbauverein lädt ein. Der Trachtenverein feiert sein Jubiläum und die berühmte Hintertupfinger Band gibt ein Konzert auf der hier flugs aufgebauten

Freilichtbühne. „Das ist doch zum Davon-laufen", wettert er, steckt die Trompete in seinen Rucksack und macht sich auf den Weg, um in den nahegelegenen Wald zu flüchten.

„Darf ich Ihnen einen Zimtstern anbieten", fragt ihn eine Frau in Tracht, die ihr Fahrrad samt einem Korb voller Blumen und Gebäck neben sich herschiebt.

„Oh!" Hermann zuckt zusammen.

„Es tut mir leid, wenn wir Ihre Wochenendruhe stören. Aber wollen Sie sich nicht zu uns gesellen? Wäre schön, wenn Sie einfach mitfeiern würden. Die Blaskapelle könnte sicherlich eine Trompetenverstärkung gebrauchen."

„Genau", sagt er vollkommen überrumpelt. Ohne zu wissen, was er mit diesem Ausdruck überhaupt sagen möchte, lässt er sich zu einem Tisch schieben, wo er mit einem „Setz' di nieder" stürmisch begrüßt wird und sofort eine Maß Bier vor die Nase geschoben bekommt.

Weit nach Mitternacht verabschiedet er sich und torkelt bis zu seiner Haustür. „Vielleicht sind diese Feste doch gar nicht so schlecht", murmelt er und hickst. Die Samba-Trommler haben ihn schon fürs nächste Wochenende eingeladen. Er schmunzelt und stellt seine Trompete zurück an ihren angestammten Platz. So wie es aussieht, wird er die nächsten Sonntage wohl kaum einsam auf seiner Gartenbank verbringen und der arme Igel braucht obendrein nicht um seinen Laubhaufen zu fürchten.

Nun seid ihr dran!

▲

Lampe

Rampe

Pampe

▼

Eure Geschichte

Kürbis

Glücksschwein

Hufeisen

hup-hup, nö, rums

„Hufeisen! Was für ein Schwachsinn! Das sind Wolken. Ganz schnöde Wassertröpfchen, die sich zu einem Klumpen zusammengerafft haben." Paul ist Informatiker und ein realitätsbezogener Mensch, selbst wenn sie zusammen in der Natur unterwegs sind.

Lisa dagegen eine Träumerin. „Aber schau doch!" Sie zeigt auf ein flauschiges Gebilde am Himmel, von dem an manchen Stellen Wolkenfetzen abstehen. „Dort hat sich sogar ein Glücksschwein geformt. Schau doch! Im Maul hat es sogar ein Kleeblatt."

„Nö." Paul schüttelt vehement den Kopf. „Da fliegen Vögel und ein Spielzeugdrachen durch die Luft. Das kann ich auch sehen. Aber es ist doch so … Wenn die Sonne auf den nassen Boden scheint und dadurch das Wasser verdampft, dann …"

„Ich weiß. Aber sieh doch …"

„Hup-hup", ertönt es hinter ihnen gleich gefolgt von einem satten „Rums". Ein Radfahrer entfernt sein Gefährt von einem Baum und betrachtet den Achter in seinem Vorderreifen.

„Haben Sie die Buche denn nicht gesehen? Brauchen Sie eine Brille? Kann ich Ihnen helfen?", fragt Paul fast in einem Zug.

„Da war so ein schöner Kürbis am Himmel. Hab ihn wohl übersehen."

„Siehst du", triumphiert Lisa. „Der Herr hat ihn auch wahrgenommen."

Nun seid ihr dran!

▲

Meer

sehr

leer

▼

Eure Geschichte

Türstopper

Sesam

Ostereier

schhh, ha, mmm

Die Ostereier sind noch nicht alle aufgegessen und der Urlaub in den Schulferien keine vollen zwei Tage her, da schwärmt Lyn schon von Pfingsten und einem weiteren am Meer. Mit einem tiefen Seufzen und gedanklich meilenweit entfernt vom Physikunterricht verlässt ihren Mund ein langgezogenes „Haaa, das wird schön. Sonne auf der Haut, das Wellenrauschen des Ozeans, die salzige Luft, der warme Sand unter den Füßen." Sie verdreht schwärmerisch die Augen.

„Schhh", zischt ihr Sitznachbar Kai. „Der Klausmann hat uns eh schon auf dem Kicker", flüstert er.

„Mmm, eine Paella mit Meeresfrüchten", schwärmt sie weiter.

„Ein Sesambrötchen kannst du in der Pause haben", wispert er. Dann rempelt er sie in die Rippen.

„Sie können nun sicher mir und der Klasse erklären, wie ein Türstopper funktioniert und welche Kräfte bei seinem Einsatz auf ihn wirken."

Lyn schaut erschrocken hoch und in die Augen von Herrn Klausmann. Mit beiden Zeigefingern reibt sie sich über die Schläfen. „Ich denke, im Moment könnte ich Ihnen besser erklären, welche Kräfte wirken, wenn ein Kreuzfahrtschiff auf einen Dampfer trifft."

Nun seid ihr dran!

Nase

Hase

Vase

Eure Geschichte

Clown

Heizung

Jackett

bäh, ihhh, brrr

„Und gäbe es die Liebe nicht …", predigt der Pfarrer von seiner Kanzel herab.

Ich sitze im Traumbrautkleid meiner Schwiegermutter neben dem von mir geliebten Joe, der sich ebenfalls von ihr einen Anzug hat aufschwatzen lassen, an dem ihm weder das Jackett noch die Hose gefällt. Bäh … mir wachsen auf der Stelle Schlingpflanzen im Magen, wenn ich ihn ansehe.

„Und gäbe es die Liebe nicht …", hört sie erneut.

Hat der einen Clown gefrühstückt? An der Liebe liegt es sicher nicht, dass ich ständig versuche, mir ein „ihhh" zu verkneifen. Ginge es nach meinem eigenen Kopf und dem meines Traummannes, dann würden sie in Jeans und Turnschuhen heiraten. Ihrer Liebe wäre das vollkommen schnurz – piep – egal. Doch was stellt man nicht alles an für ein zufriedenes Lächeln der Schwiegermutter, das wiederum meinen Joe glücklich macht.

„Und gäbe es die Liebe nicht ...", trällert der Gottesmann erneut.

Die Ärmel meines Kleides jucken auf der Haut, weil es mir, als säße ich auf einer Autositzheizung, den Schweiß auf die Stirn treibt. Die Schuhe reiben an der Ferse. Schnell ziehe ich diese aus. Unter dem langen Rock wird das keiner bemerken. Der klobige Familienklunker um meinen Hals zieht mich in eine fast gebückte Haltung.

„Brrr", ertönt es jäh von Joe und er stoppt des Pfarrers Lobeshymne auf die Liebe.

Ein Raunen der, von der Schwiegermutter geladenen Gäste, erklingt hinter mir. Ich sehe meinen Traummann mit hochgezogener Augenbraue an.

„Können wir jetzt bitte heiraten?", fragt er. Dann drückt er meine Hand und sagt. „Ja, ich will. Du auch?"

Ein Strahlen stielt sich auf mein Gesicht, das Erste an diesem denkwürdigen Tag. „Ja, ich will", schmettere ich heraus und küsse ihn innig.

Der Tag wurde trotz der vorausgegangenen Umstände einer meiner schönsten. Denn wir sind auf und davon, geflohen von der Gesellschaft und von Schwiegermutti, die mit uns wohl nie wieder ein Wort reden wird. Aber das ist uns egal. Wir haben die Freiheit zurück. An der Liebe wird es uns nicht fehlen.

Nun seid ihr dran!

Ort

fort

Bord

Eure Geschichte

Blumenkästen

Maggi

Biene Maja

yeah, Donnerwetter, okay

Yeah, sein Gretchen betritt die Bühne des Kindergartens. Sofort beschleunigt sich sein Puls. Als Biene Maya verkleidet flattert sie über das Parkett, schlägt artig mit den aus Seidenpapier gebastelten Flügelchen, dass ihre Fühler aus Pfeifenputzerdraht nur so wackeln. Sämtliche hier aufgestellten Blumenkästen besucht das Bienchen, wie bei den Proben abgesprochen. Donnerwetter, die haben ja an alles gedacht. Der Duft einer Maggipflanze strömt ihm in die Nase, als er einen Rempler vom Sitznachbarn, einem gleichermaßen stolzen Vater - dem von Bienchen Willi - verpasst bekommt. „Dein Einsatz", zischt er.

Hektisch befeuchtet er seine Lippen und hebt das Saxophon, der neben ihm die Trompete. Okay, er ist einsatzbereit. Der Freund seiner Tochter ebenfalls. Er nickt dem, von einem Fuß auf den anderen tappenden Kleinen am Bühnenrand zu, und bläst in sein Instrument. Willi erscheint an der Seite von Maya und sie fliegen zusammen über die imaginäre Blumenwiese. Bei ihrem musikalischen Einsatz ist er heute noch davon überzeugt, dass eine Harfe besser zum Flattern der Bienchen gepasst hätte. Aber zu was überwindet man sich nicht alles, um seine Prinzessin zu unterstützen. Und selbst wenn ihrer beider Klänge sich eher nach einem Jazzkonzert anhören, lächelt seine Tochter zu ihm herüber. Sein Herz macht einen eigenartigen Salto der Erleichterung. Ihr Strahlen zeigt ihm, dass sie glücklich ist. Also ist er es ebenso.

Nun seid ihr dran!

Platz

Schatz

Satz

Eure Geschichte

Sternschnuppen
Wintersemester
Pfingstochse

halli hallo, ui, würg

„Halli hallo", schallt es durchs Haus. „Mein Wintersemester ist zu Ende", trällert Cindy. „Ich bin wieder dahaha."

„Ui!" Ihr Bruder streckt den Kopf über das Treppengeländer herunter. „Oder soll ich besser sagen würg, so wie du aussiehst."

Schon rennt sie die Treppen hoch und eine Hand fliegt an seinem Haarschopf vorbei, als würde diese ihn tuschieren. „Du hast dich null verändert, du Pfingstochse", schimpft sie.

„Ja, ich freu mich auch, dich zu sehen", kontert er und drückt seine Schwester in eine feste Umarmung.

Sie schnappt nach Luft und feixt. „War's so schlimm, alleine mit Mama und Papa?"

Er verdreht die Augen. „Du machst dir keinen Begriff. Wenn du nicht da bist, dann rennen sie beide nur noch hinter mir her. Hast du dein Referat schon gemacht? Soll ich dir helfen? Die Matheklausur hätte aber durchaus noch besser sein können. Komm wir lernen heut Nachmittag zusammen. Soll ich deine Sportklamotten noch waschen? So kannst du doch nicht zum Training." Er seufzt langgezogen. „Wenn du hier bist, dann verteilt es sich wenigstens auf zwei."

Sie wuschelt ihm durch die Haare. „Heute Nacht, quatscht uns keiner dazwischen. Wir verziehen uns in unser altes Baumhaus am Waldrand und halten Ausschau nach Sternschnuppen. Und keiner erzählt uns dabei welcher Stern in welchem Sternbild leuchtet. Einfach nur wir beide, ohne Klugscheißerei."

„Das ist mal eine Ansage! Und wir nehmen uns Zitronentee mit – wie früher. Omas alte Porzellantassen und unsere Schlafsäcke müssten noch dort sein."

Mit einem seligen Grinsen hält sie ihm die Hand zum Einschlagen entgegen und er klatscht ab.

Nun seid ihr dran!

▲

Qualle

Halle

Falle

▼

Eure Geschichte

Haarbürste

Glatteis

Lichterkette

aber, nix, danke

„Ich liebe Himmbeeren", murmelt Luise, wischt sich eine Träne aus dem Gesicht und nickt dem Kellner zu, der die bestellte Eiskreation vor ihr auf dem Tisch abstellt, aber ihre Mundwinkel lassen sich trotzdem nicht zu einem Lächeln verziehen. Schon gestern hat sie hier gesessen und dem Ober ihres Vertrauens von ihrem Herzschmerz erzählt.

„Is e beste Eis Seniorina", trällert er und wirft die Hände in die Höhe. Seine Haarbüschel fliegen dabei durch die Luft, sie haben offenbar heute noch keine Haarbürste gesehen. Er duckt sich mit einem verschwörerischen Augenzwinkern zu ihrem Ohr herunter. „Is e beste gegen Glatteis. Is e alles wieder gut, wenn du gegessen."

Luises Augenbrauen rutschen hoch. „Glatteis?", fragt sie nach.

Wieder fliegen seine Hände durch die Luft. „Nix Glatteis? Keine Ahnung, wie sagen in

Deutschelande. Romantica, Musica, Likter-kette, Gebrokene Erz, Amore, du verstehen?" Er fasst sich theatralisch an die Brust.

„Meinst du Liebeskummer?", fragt sie nach.

Er strahlt und deutet bekräftigend auf sie. „Himmbeere is e wie Badewanne von inne."

„Kann ich gebrauchen, danke."

„Und morge is e alle wieder gut. Und wenn nix. Dann du komme wieder. Stracciatella is e gut, wenn Himmbeere nix helfe." Er streicht ihr liebevoll über den Arm. „Wir kriege hin." Sich selbst bestätigend drückt er ihr den Eislöffel in die Hand. „Esse", befiehlt er und lässt sie mit ihrem Eis am Tisch zurück.

Nun seid ihr dran!

▲

Reise

Meise

Gleise

▼

Eure Geschichte

Weitere Kurzgeschichten zum Vorlesen und Erfinden

Erhältlich im Buch-Shop von
meinem Druckverlag BoD.

Sina Land

ist Coach für Menschen in außergewöhnlichen Lebenssituationen und schreibt seit Jahren Bücher für Erwachsene. In ihren Entwicklungsromanen und Kurzgeschichten dreht sich alles um neue Ideen in festgefahrenen Situationen. Sowohl emotionale Tiefe als auch humorvoll Verpacktes sind die Gewürze in ihren Romanen.

In diesem Projekt kommt ein spezieller Aspekt besonders zum Tragen. Durch den Anstoß von Petras Idee und Sinas Großmutter, die an Demenz erkrankt war, entstand dieses spezielle Herzensprojekt: Kurzgeschichten mit Humor und Tiefgang um bei diesen Menschen Erinnerungen anzustoßen und ein wohliges Gefühl zu hinterlassen.